AF218280

LA HOGUERA

EOLAS
ediciones

LA HOGUERA

Manuel Fabián Trigos Baena

a mi familia y amigos, testigos
del fuego y su crisálida

El fuego que unifica las cosas

Perder el fuego puede ser fatal. Recordemos lo que le sucedió a los hombres cuando Zeus les quitó el fuego, que ya no podían cocinar ni calentarse ni iluminar la noche ni escuchar historias alrededor de las hogueras. Como en el mito, en este poemario el poeta Manuel Fabián Trigos Baena nos hace reflexionar sobre esa misma carencia: ¿Qué supone para un hombre vivir sin el fuego? Y, más concretamente, me parece: ¿Hasta qué punto el sentido de la vida temporal de un hombre depende del fuego con el que arde?

Y digo hombre, porque aquí hay un yo poético masculino que se automenciona varias veces al reflexionar sobre sí mismo (se dice *"hombre mortal"* o *"nuevo hombre"*), al meditar sobre el fuego. Un hombre que poco a poco acepta la paradoja de recorrer la vida, con toda su belleza y su dolor candentes.

Nunca hubo una postura definitiva para esa paradoja tan trascendente como cotidiana, que a todos nos concierne. Lo único que podemos hacer con ella es atravesarla. Eso sí, para ello tenemos el fuego como regalo de los dioses; esa linterna sin la cual el camino sería impracticable o todo hombre un muñeco (*"hombre de corazón sin pulso"*). Sin el fuego, seguramente, la tristeza sería dueña del mundo.

Pero, por suerte, como he dicho antes, a lo largo del libro la aceptación del fuego se impone. Eso a pesar de que, en las primeras partes, lo cotidiano se engarza en detalles acerca de la tristeza de vivir sin fuego, obviar el fuego, disimular el fuego. Detalles que dan buena cuenta de la pena de transitar como castigados. Sin aspavientos ni prisas, sin embargo, esa tristeza va dando lugar a una sabia resignación; a la aceptación del fuego que hace que toda vida brille, a pesar de sus limitaciones y de su tiempo.

Se trata de una toma de conciencia tan modesta como fundamental. Recuerda mucho a la cáscara de nuez, en algunas versiones una pequeña rama de cañaheja, en la que viajó la llamita que Prometeo robó a los dioses, para devolver el fuego a los hombres y así salvarlos.

*

Hablemos también del agua. Si en su primer poemario, *Rambla* (Ediciones Tigres de Papel, 2019), Trigos Baena establecía una correspondencia simbólica entre el agua, la memoria y la comunidad como sostenedoras de la vida, en *La hoguera* parece plantear el paso siguiente.

O, si en *Rambla* el yo poético se dejaba arrastrar con los otros por el río de la vida (de igual modo había allí una reflexión implícita sobre el paso del tiempo), en *La hoguera* el fuego viene a simbolizar la individuación, la construcción de la identidad del hombre; cierto alzamiento en mitad de ese río para poder seguir hasta la desembocadura a una manera propia.

Esto genera la tristeza de tener que romper en cierta medida con la comunidad, la necesidad de distanciarse (como en los poemas *"Hégira", "Éxodo", "El viajero"*) para que el fuego mande; la aceptación de que, aun siendo *los demás*, no queda más remedio que ser *lo otro*.

Y es que, como nos enseña también el mito de Prometeo, para tener el fuego hay que retar a los dioses. O siempre hay cierta pérdida en el beneficio de la madurez. O el mismo río de la vida demanda el fuego.

Esta otra paradoja, también trascedente, se detecta en *La hoguera* por acumulación, detalle a detalle, como en la vida. Por ejemplo, encontramos a la comunidad (o *agua*) en numerosos ejemplos de la tradición literaria de la que bebe el poeta (asonancias que recuerdan a la poesía popular, el soneto último, algún refrán —*"Adivina, adivinanza"*— o las citas de otros autores y autoras con las que el yo poético dialoga).

Pero también encontramos la individuación o el fuego de lo propio en incandescentes y múltiples imágenes personalísimas (*"atraviesa el continente de la materia // y converge al alma que enciende todas las palabras"*), que nos muestran una y otra vez cómo el deseo es transformador y generador; cómo el yo poético *desea* establecerse para su viaje único hacia el mar.

En definitiva, aquí se levanta una cartografía que da cuenta del desafío que la vida entraña, que es una posibilidad de conocimiento de la complejidad de la vida y de las paradojas que a esta le son connaturales: la comunidad, la individuación; el dolor del destino, la aceptación de lo que nos toca. Y que, a mi modesto modo de entender, demuestra una vez más que lo que no puede apresarse en otros discursos, sí aparece en la acumulación rítmica y semántica de verdades poéticas como las que este libro atesora.

"Solo el saber… unifica las cosas", reza una de sus citas. Siempre fue considerado un gran sabio el ladrón del fuego.

Yaiza Martínez, Cabra, enero de 2026

Viene ruido de la parte de abajo, como si esta estuviera en ebullición, pero el cuarto de las camareras está solitario y en silencio, perfecto para que aparezca un fantasma. Las lágrimas chorrean a borbotones, la inundación de la tristeza escapa como un gas, quiero llevar una vida recta. Quiero estar tranquila y quiero leer.

Con obstinación persisten
la miseria de la familia, el vicio del alcohol, la mala costumbre del ocio y la diversión.
Todo es por eso.
¡Ay! ¡Ay! ¡Ay!

Apuñala todo eso,
salta sobre ellos, deséchalos.
¿Cuántas veces he clamado? Es doloroso:
arrojaré el arte como si vomitara sangre, me alegraré y danzaré como un loco.

(…) Un día de sentimientos tan miserables, quiero leer las obras de los autores que están en mi alma (…) pero hoy más que nunca, justo en este momento, extraño la palabra escrita. (…)

Si ves acumularse la nevada ligera,
la fugacidad de desaparecer sin dejar rastro.
Los sauces se mecen suavemente,
la primavera, en el crepúsculo del corazón…

Hayashi Fumiko. *Diario de una Vagabunda*

Noche de San Juan[1]

Cerca del nuevo fin. Tabú: fuego y dolor. La selva se abrió… se abrió a mis pies… Pulso de fuego y plata. Voy huraño, incompleto por restaurar el contexto expoliado del rubor que corona las vidas… ¿cómo aceptar el tiempo sin atravesar el ser? ¿cómo extender mi tiniebla sin romper el sol? El crepúsculo graba la norma del viejo rito de San Juan, a la que hoy inmolo mi fruto y su cauce. Obro mi mitad en imagen: Arlequín y persona en la designación de este hombre mortal. Urdo para restituirme en la pobreza de mi historia y ungirme en la ceguera de un cuerpo nuevo jamás extraño… Reflejo el nombre en el misterio que carga mi voz donde no palpita la carne, no rezuma la sangre. Esta es mi patria, donde reposarán por última vez los sueños que caminan despiertos. El latido alumbra la flor del abismo: ternura de tanta ruptura en la misma grieta hambrienta, que todo lo quema sin conocer su orden… *por ti… lo hice por ti*

1. Noche arriba

El silencio lo cerraba todo. Quebrado en el hueco del signo, niego la herida por la cual respiro. Noche arriba. Noche arriba y todo está igual, pero me es ajeno. Es el propio yo quien yace, zozobrando en la impresión de sí mismo. Las paredes aprietan, estrangulan en su oficio de acallar el oxígeno de la idea. Nada cambia. Todo se estanca y malogra. Queda el todo en esquirlas, sin haber visto el golpe. Sin amor. Con costumbre. Esbozo la forma de lo que hubo para ubicar el habrá. Todo estar es mentira. Como la noche. Está tan arriba que la siento en el infierno de la boca.

Eclipse[2]

solo es una esfera… solo… sin confines ni ámbitos…
Siento la llaga
decorando la tierra
en el pardo equinoccio
entre parecer y ser.

Me ahogo en los ojos rasos
que cosechan sombra
en lacre y jirón
incrustado, sobre la ortografía
que sella cualquier panorama.

Anhelo desvestirme
de la luz sumergida en tela de cruz
de este eclipse
que me priva percibir
la geografía donde resido.
        Y allá lejos, perdido… perdido… perdido…
            la distancia interior pierde medida

Como un perro sin hueso

No tuve que hacer nada
todo se dispuso
sin oscilación
habitando la sombra.
Cabalgo esa hambre
de espaldas a la tormenta
acusando mi nombre.

Ladro la lumbre de mi sangre
el legado afónico
del viaje rendido
que jamás se extravía
y es raíz y verso
de todos los destellos,
en cualquier oscuro ámbito.

Todo se dispuso
fronterizo
necesitado
como un perro sin hueso.

Átomo

Senda
de los ocho mil barrancos
que tasan la marca
del hueso, la piel, el nervio…
Craza de humo y neón:
así es la aurora
del sistema que albergamos.

Epidemia del mañana desfigurado
por la piedad que no imprime discurso
sobre la furtiva hiel de los ojos secos.

Las nubes son hijas del fósforo blanco.

Ostentamos,
con ansiedad,
esta corona de cuernos de hormigón
mientras las fábricas
nos sellan
la sumisa verdad de nuestra tradición
en cada átomo.

Sim(ulator)[3]

¿Quién soy?

La sombra que me proyecta.

¿Cómo soy?

Cadena, recta entre curvas.

¿Cuál es mi nombre?

Nadie.

¿Cuál es mi fe?

Ninguna. Todas. A veces.

¿Cuál es mi país?

Aún me queda el vacío.

¿Hacia dónde voy?

> *Mi existencia es señal de un fuego…*
> *que arde… arde… en sí mismo*

Deseo de mayo[4]

No es justo
la culpa ni su ardor
sobre las fecundas sábanas de mayo
en el cuerpo.

Nada hay en la vida que sea mejor
entra... la aurora entra... con sus pies diminutos
y yo... yo estoy cerca de mi deseo...

Ingrávido
lejano
al rayo y su rebelión
de no gobierno
del elemento que conspira
la expansión inherente a la partícula
de todo lo que vive
de todo lo que suspira humo y junco.

No es justo
este fuego impávido
que somete toda idea, toda cultura
para después
expulsarnos de nuevo a ellas.

Sacramento de Seattle

Encierro el alquitrán
en mi trampa de orquídeas
urna
de la deuda sin consejo
donde toda culpa
es litio
umbilical
rompiendo las velas
encendiendo los espejos.

Oficio esta misa bruna de cuerpos duros, de sangre sucia.

Traigo la soga de los días circundando la liturgia de las calles.

Literatura de la bomba atómica

Las arterias partieron el cielo
con sus tendidos eléctricos
vencidos, enmarañados
como labios de cadáveres sin rostro,
encendidos
dispersos
en el miedo al número
de leucocitos en sangre.

Esto es el infierno:
precisión, destreza,
a través de los vientres de ceniza
de las bestias
tendidas e inmensas
como humaredas
que invaden de angustia
el silente ritmo de la atmósfera.

La lengua aún convulsiona
desde el acorde hueco de las campanas.

La Línea

Vertical
tajante reflejo
del imperio
que subyuga los colores al prisma.

Así es el cuerpo de esta línea.

Revelación
que abona su tempestad
en la caída
hacia el miedo y su conserva
que todo lo reduce
al prejuicio y su categoría,
al odio y su axioma.

Así es la esencia de esta línea.

… nosotros existimos
para ser la memoria
de las avalanchas.

El río de Sevilla

La huella de Sevilla
hace peregrinar
el suspiro de las mariposas
hasta el llanto del azahar.
Cingla
su beso de lumbre dormida
en la niebla salubre
del sur
tierno
callado
vasallo de la plata al sueño
y su epistemología del hogar
y la aspereza
de la soledad que exhuma
el recuerdo dulce
del cauce deshecho
en lunas y palmeras ceñidas a la cintura.

hégira

Como llenar una era
inhumando de escarcha
cada porción de tela
que cubrió
su fija figura.

Como vaciar de semántica
sístole y diástole
el transcurso
en la desembocadura del lugar
que nos habita.

Así cierro, el yo, el nosotros,
para sobrevivir al aquí, al ahora.

2. Crucigrama

Extiendo mi lengua labrando la sombra de cada fragmento. Amaso un cosmos de pequeños mundos carentes de hambre y ámbito. Limo la astilla, su contorno; sangre y saliva para el nuevo mortero, por la nueva imagen. Todo hueco está hambriento. El vacío implora sentido y yo busco huir de lo que siempre fue, del nunca será. Bino la materia. Nada es, todo está… suspendido en su triste nota. Azul. Distante y extraviada. Surco el crucigrama de mis días. Mis manos yacen untadas en mercurio y ceniza. Alumbro la letra y me hundo en su huella. Cada hueco está hambriento, cada espacio precisa su idea.

Nostra Ars Magna[5]

La soledad muda
el verbo de sus rayuelas
en una llama abisal
para las calles desiertas.

El olvido converge profundo
en el latido ciego
del idioma forjado
en la esperanza
del desterrado.

tu calle… esperará tus pasos… mientras los días van…
organizando ya la soledad

Desbastados
ni siquiera supimos retener
el aullido
que sostiene a las bestias.

Monstruos de bolsillo

Esta invasión
en el tono del pulso
dilata
su yedra doliente
constriñendo el ser al yugo.

Es la fe
en la usura
del número, su certeza
cuyo firmamento
es un delicado vano
para el nudo que angustia.

Tú, yo
hemos flotado en la indolencia
de la comodidad
elevada a necesidad
mientras reducíamos los días
de cuanto suspira
a la angostura del bolsillo.

Somos la justa aurora que abriga el cieno del sistema.

Once upon a time

Toda nostalgia
es un niño terrible
que absorbe
adoración y sueño
en el umbral de los siglos
raídos y vencidos.

Insaciable
infinito
tembloroso
como un deseo de hojarasca.

Esta herejía
florece en plata
vulnerando el tiempo
arreglando el mañana
para que tu cuerpo
more en su boca.

Adivina, adivinanza

¿Dónde reposan las brasas
de los ríos?
¿Dónde teje su sermón
la luna?
Allí,
donde el aullido templa
la voz oculta de los niños.
Adivina, adivinanza.
¿Dónde se quiebra el fuego
en hojarasca y limo?
¿Dónde vibra el plomo
de las lágrimas?
Allí,
donde la palabra custodia
los jirones de sus caminantes.
Adivina, adivinanza.
Allí
donde la sangre desuella
los segundos en el frío son de las estrellas
que mecen al mundo
en el suspiro del idioma
de los pulsos y las ondas.
Solo allí habita.

Venganza

Nada te ata
nadie te somete
nada ni nadie imprime su voz
en tu horizonte.

Te sabes ajeno, y no eres más
que otro amasijo de leyendas:
comunión de mentiras, aquelarre de versos
inscritos en roca no tan nueva.

Eres el horror de esta era:
sin compromiso ni identidad,
sin ideología ni deseo
solo en el consumo hallas cabida.

Andas
porque desconoces
la palabra que corona tu frente.

Los hombres torcidos

Teme a los hombres torcidos.

Ellos conjugan las azoteas
con los círculos de tu barro,
enuncian sus promesas
con el alarido de tu mirada.
Son fuego, riesgo
tu sien horadada de necedad o esperanza.

Su suspiro,
transmuta la meta en sendero.
Su rastro,
encalla la historia en la sal de la grava.
Su palabra,
es un diluvio de vino y pétalos.

Teme a los hombres torcidos
porque este es su mundo
y tú
eres extranjero.

Pasado de cal viva

Dejará la tierra
extender sus venas de cal y lágrima
para tragarte:
hombre de corazón sin pulso.
Lloverá con ahogado cansancio
del áspid al cristal que riela
el decoro de tu traición y su felonía
hasta borrar cada seña que tu nombre guarda.

Lo hará como ocurre en lo viviente,
devorando sin odio ni miedo, lo existente.

Solitario, ruinoso
residirás lejano, desierto
donde nada se conoce del fiero dominio del oro
o el frío desdén del eco de los reyes de arena.

No habrá viajero,
que una nimia porción de tu huella
atisbe.

Tan solo silencio
responderá al ego de tus pasos.

Estigma de Mauricio Babilonia

I

Mariposa o áureo duelo
que entregas tu carne al frío
y reposas,
en la curva del riachuelo
que me alza desde el rocío
de tus rosas.

II

Alzo mi rostro a los cielos
y ajeno del son de estrellas
voy tejiendo
mi breve verdad de velos
en el aullido sin huellas
que voy siendo.

III

Lucero de barro y caña,
templada voz del engaño
donde advierto
mi vana canción con saña,
en el umbral del peldaño
tan desierto.

Contra la niebla

Tiemblas
como lo hace un dios
cuando alguien pronuncia su nombre.
En tu pecho vibra
el astroso emblema
de la nostalgia.

Tiemblas,
solo te sostiene
esa esquirla última
de la emoción primera.
Una cinta de luz
en el corazón de la niebla.

Negarás las entrañas del eco.

Apriétala, apriétala fuerte
hasta que a tu carne fecunde.
Solo el dolor
puede concebir una guarida.

La tarde[6]

Tarde aguda en la luz
de las lanzas de sol
a través de las palmas.
El calor gime
y es rumor, calígine,
imprecisión de cera
en el troquelado del ojo.

donde fuiste feliz… no debieras volver

Me sumo en el aroma
de piel seca, de luna amarga
que ya tiembla en verso y cueva.
Y es el negro, el blanco y el naranja
pluma y escama del primer aliento
del primer deseo molido en canción.

no debieras volver…jamás… volver jamás a nada…a nadie

Desfallezco en esta tarde
por el azahar, el fuego
del recuerdo hambriento de mi abuelo
a través de mis ojos yertos.

Tan desierto voy
que solo guardo
ansia de pasado…
su marca.

vida en cicatriz … vuelvo a mi dueño

3. Pasillo

Me rumian las paredes. Majando. Ciñendo, reformulando las estaciones. Todo discurre, retirado del astro y el satélite. Todo es la angostura del pasillo, sus muros… la infinita crisálida del tiempo secando lengua, cediendo espacio. Perdiendo. Vagando. A través del instrumento y los asuntos que embalsaman los ciclos articulados. Conjugaré mis labios para que mi conjunto no difiera del paisaje que me revoca. Respiro cualquier posibilidad fugada para cada futuro que anula. Elimino el sedimento, emplazo el corazón al vacío y aguardo… Recuerdo las paredes, los calendarios borrados, la memoria famélica… las curvas de las ondas despobladas que me esbozan. Quieto… Ansioso… Dispuesto al cambio, temeroso al cambio… Recuerdo las paredes… El cascarón.

AVANT[7]

bajo
por el acero interminable
obstruido en el frío
del lazo sin mundo
absorto en el éxodo de nubes
que componen el canto de nuestra historia.

como una flor de loto…
exhalo arena y viento
en la constante síntesis
sin cambiar nombre, ni sustancia
… nazco del barro.

Trashumo
de la planta al metal de las mariposas
famélico
en el destino sin trayecto
que urde la favila
en vida y muerte
para regresar a la llama.

Reino

Pertenezco
a la chispa del retal,
que me aísla del vacío.

Urdo
la oquedad de mi medida
con la palabra
su suspiro,
invocando la materia
de todo lo pasado.

El remiendo me encadena al tiempo.

Y sin embargo
todo muda su sentido
cuando el panorama
me deja ínfimo
alumbrando el margen
que nombra al círculo.

Alfabeto de Videodrome

Solo, sola
inerte
en lo grotesco
del uno sajado
enamorado
en esa pulsión
del eros hacia el tánatos
de la carne primigenia
hacia la esencia ultrajada.

…mutar…
…derretirse…
…converger…

…el accidente
fecunda
define
al nuevo hombre, a la nueva mujer
en la ciencia enraizada
retornando al cuerpo
penetrándolo, complaciéndolo
moldeándolo
en una nueva carne para la misma vida.

Augurium

La pupila desnuda la luz
del ascua
para atesorar la despedida.

Pulso
sin necesidad, sin razón
habitando el olvido
deseando el olvido.

Las sábanas vestirán mi vergüenza
para que sea más alta la hoguera.

Replicante

El paso gesta
cada momento que nos suspira:
instantes a la deriva
de la piel y la memoria.

Se nos escapan
como la Luna y sus estrellas
que nos atraen, pero no nos llevan
que nos acompañan, pero no nos hablan.

Solo los pies prenden la materia del camino que transitan.

Urushi[8]

No ciñas la costura al hábitat.
(Estos hilos son el contorno de mi panorama)

No vincules la acción al laurel.
(Todas mis palabras heredan su doctrina)

No reposes tu boca en su forma.
(En la quietud filtro el veneno y su bóveda)

No busques verbo, deseo, amor
    del santuario donde todo sueño es incienso… (ni) en el
                    polvo de los estanques dispersos
donde nunca descansas, a los que siempre regresas.

Ídolos de plástico

Hundo mi carne
en la mascarada de vuestro curso
para alzarme,
fervoroso creyente,
de los ídolos de plástico.

Introibo ad altare dei.

Sea la aridez en mi palabra.
Sea el baldío en mi memoria.
Yazco en la fragua oculta del rostro.
Mi cuerpo es
erosión de yerba,
vuestro templo herido
en el crepúsculo del latido.

Nutriros de mí
dioses del breve quejido
que relega
la vida
a la apariencia.

Caverna del eco

Toda caverna,
conjuga
sales y sombras
en los cuerpos
para dar morada a su lengua herida.

Los fantasmas
radican en espera.
Deambulan
por las galerías
del lodo
que desfloran los huesos
buscando el deseo.

Procesiono
por las mismas preguntas
sumando más grietas
intentando discernir
que palabra se me escapa.

Noche incendiada

Beso el collar
de los astros en la quietud
de las estrellas sin canto.
Extraviado
del brillo y el tiritar
desnutrido
del infinito implícito
en cualquier espejo de iris ardiente;
me despeño
por el viejo camino
de los anfibios y los metales.

Es la noche misma
quien me regresa
sin equilibrio
umbrío
en la fija tristeza
de esta mirada que desestima
el sonsonete
del enigma y el desierto
que tan dentro llevo
que tan hondo muestro.

King's Cross

Confiesa
el óxido que inventa tu forma
enmudece en el no lugar:
ambigüedad, potencia,
trasiego del plus ultra,
ambición
del hábitat y la hipótesis
que drenan de semántica
el golpe que fragua el verso.

Responde ante tu ahora
y su extensión
labrada en la brevedad
de la norma que conecta
tu umbral a la palabra
que graba en ti las ondas que has obrado.

Nada más importa.

4. Blueprint

Desaguar los almanaques. Irrumpir en el azul. Anudar el recuerdo que con pulcritud limpia el tacto, reduciendo la superficie de la laca y el zurcido que acomoda los fragmentos. Es la nieve. Es la helada quien me invoca... Me despeña en esta región residual del blanco, desierto en el pasto hundido que por años nutrirá los ojos sedientos... del blanco, y es tan azul... como la promesa inherente a la leyenda de la crisálida. Y aíslo la vista al peso del frío que aleja y revela. Profundo. Caigo... Superficie lijada que no discierne tiempo y es plano ingrávido. Permanezco... Vestigio carente de emoción y entrega.

Pájaro sin rama[9]

La ventana escarcha
a los pájaros sin rama,
perdidos, en el añil desnudo
sin hogar ni sueño
solo con el hastío del fuego en la mirada.

Como un pájaro sin rama
horizonte en ruido y dolor
del mínimo rito sin palabras
de quien se busca en la manera de la cetrería,
me reconozco, ronco, en el retrato
de una danza de boca cerrada
sobre las melancólicas pavesas del lirio.

Y me nutren los relámpagos del pecho
sus verdes caricias en el mirar del cristal
abierto del corazón a la raíz
de los desvaídos ángulos del techo
donde brotan los nimbos ciegos
que conducen al umbral, la ventana
donde reposan el límite, solitarios y pobres,
los pájaros sin rama.

Por mi lengua correrá siempre el río de (su) rara nobleza.

Otra historia

¿Quién soy?
Leyenda de hojas secas
ceniza herida
cicatriz de nubes.
¿Quién soy?
Santa carne de nostalgia
palabra ensombrecida
espejismo de sal.
Silencio, silencio
soy.

Innsbruck

Mirad
como festeja el llanto su trino
por los nimios corredores
que ayer abochornaban Innsbruck
y hoy son la fastuosa procesión
del único instante que importa.

La armadura no coagula al emperador,
los cadáveres no sellan el tiempo del horizonte,
los tambores no disciernen victoria de derrota.
Toda oración resuella en lo viviente.

Esa es la piedra que cifra su vida.

Puzle
del millar de vidas reprimidas
a los ojos oxidados
de un hombre
que acaba de desembocar
en su verdad.

A luz ciega[10]

Luz, ceguera;
paso, oquedad.

Otra vez a soñar desde el oscuro… otra vez a mirar arena
y cielo… otra vez como ayer perdido

El tiempo es huracán
revolución del polvo
de nuestra impronta en el mundo.
Somos ladrido de brea:
el instante del bosque
cediendo ante el fuego y su técnica.

Ciegos por la luz recibida;
pasos ungidos en el hueco de la tierra.

Somos los despojos que el olvido deshecha.

Añoranzas y pesares

Somos el enigma que nos despierta,
la indomable voracidad
donde convergemos:
el río y su pregunta,
hasta fundirnos
en la añoranza de la sal
que evoca el llanto.
Esa que nos comprende y abarca
y nos hace fluir
por incógnitas y arroyos.
Somos esa duda pesada
que solo se contesta
con la desembocadura.

Oscura queja[11]

El corazón sabe a ceniza
de palabras mordidas,
desprendidas,
perseguidas,
hambrientas del jalde
pasado que todo lo abarca.

descubres la onda del tiempo… redención secreta…
un ligero descender… al que no le sostienen… las alas
Soy otro en la misma tumba.

La soledad
en oscuro me guía
a la mística
del ojo vacío, la mano inventada
el pulso sin remite.

Hundido
prendo ímpetu
en la sangre coagulada
en ambigüedad y sombra
como una úlcera
que agita este silencio:
brecha en el vínculo del tiempo.

Evangelio[12]

I

Azul ámbito del cuerpo
derretido contra el cielo.
Arista del tono de los niños
cuando su cuerpo vencido cae
sin ver el golpe.

II

Todo niño esconde
bajo sus negras alas
un erizo
de violencia congelada.
Púa
de asfalto y cadena
para el molde de su era.

III

El eco de su verbo
propaga en los seres
necesidad y miedo
al mundo que los nutre y oculta
con bruma, ceniza de mariposa caída:
deseo y dolor bajo la puerta cerrada.

IV

Alud de sangre y llanto.

Álzate, ángel de eclipse,
ungido en tristeza y pasión
para abrir mano y palabra:
indigno de ser humano
   ...a la deriva... afirmar la deriva... no se pierde
     sin castigo el pasado...

Broma macabra

Todo es resignación
desde el mudo fecundar
del humo y el aceite
al secreto de la permanencia de los engranajes.

Todo es dolor
desde el légamo sucinto
que vertebra y saja
blasfemia en el cómputo de nuestros días.

Todo es ceder
al quehacer de los reflejos:
devolución de sombra y fruto
de esta broma macabra, terrible, tajante
pero cierta.

Somos esa conjunción
en la perpetua herida llana, cedida
ignorada, pero nos remite
como un enjambre de quieta furia
que recibe la puerta y el hueso
del paraíso
que hemos desterrado.

Boreal

Bajo la sombra
la nieve sueña el agua
en el íntimo cierre
del silencio.
Toda ella
es vagar
por su eterna aurora
a través del calendario
indescifrable
que ata en su perfil
el oráculo
que tanto oculta.
Bajo la luz
la nieve funde su secreto
y niega el yo para que nadie sepa
que era azul, el color de su deseo.

Dolmen de Menga

Palpo la edad
flor de salitre
en la pared de mis labios
tan azules
que no temo
el ayer, ni el ahora
de cualquier suelo.

5. Exhumación del fuego

El polvo me divulga, suavemente, sobre la herida. Conquista el rumor, restaura su melodía extinta. Soy el coágulo dorado que el pincel extiende, cordón que frena la húmeda codicia de la cicatriz. Soy lo que aquí se emplaza… yesca en la designación de la mano, chispa atravesando entraña y palabra. Soy fuego: resurrección desde el hambre y el sueño por la congoja y el hecho. Harapo… harapo en la distorsión del muñeco que ha prendido la luz de su misma hoguera… He asumido la crisálida, su guarida insalubre de quietud frente al colapso. Tiemblo, tiemblo porque retengo limo y espectro del pálpito que originó a la mariposa.

El viajero

El camino responde
al previo escrúpulo
del paso,
consecuencia del misterio
del hondo viaje
que todos van andando.

Quien solo viaja, busca acomodar el ser en su geografía.

Mancha

Llaga en el pabellón de la boca
plata en el orgasmo de la idea
barro en el cuerpo del idioma.

Mánchame
en el canto de mis mayores
para que todas sus lunas
forjen para mí
una ideología anhelante
hija de la mancha y su impureza
sin imposiciones, ni dogmas
completamente libre.

En mi lengua
habitan raíces
que derruyen fronteras
y revelan
rumbo y duda
para el asilo en extensión que soy siendo.

Aunque no lo creas

Las raíces se quemaron
bajo el silencio del progreso
y su sequía
de carne sin honda, fractal
de azogue y sodio.

Solo los muertos bailan
húmedos de tierra, atados por las bocas
en el sueño que guarda sus huellas.
Y gimen de angustia esas palabras
dibujan huracanes de barrios sepultados
por el fango de su furia deshojada.

Aunque no lo creas
el ansia cabalga por los tejados
insomne y ahogada en la reflexión
que en los coches reposa
su nueva raíz crujiente y desnuda
por la cual saliva la historia.

Aunque tú no lo creas
el alfabeto de la competitividad
blinda pantalla y cifra para encender la pleamar

de la blanca llaga en la ciencia lúbrica
que subvierte la calle y su miseria.

Aunque tú no lo veas
habitamos la restauración de un pasado
que hunde su ley pura
en el amargo torrente del temor
al olvido y la culpa de la resignación.

Fatum

Encierro
el ladrido
lejos del latido.
Oscuro, todavía más oscuro,
como el fuego que me envuelve
pero no crema la idea, la palabra
el pálpito que agrieta el paso, oprime el verso
y estrangula la voz, desvirtuando el espacio.
Cala la niebla y condensa
la oscuridad que viste el círculo
del cielo que me aísla
en el yo
en tránsito.

Arcano sin escalera[13]

Desde el pozo
huérfano del rayo o la tinta
remontado
en el oficio del fuego que en mí
coagula.
Soy aquel confín.
Todo lo que me nombra
es arena
oración que sucede al cautiverio
amante de la sombra y que desprecia el jade.

mi boca florece como una herida

Me devora
cada vez más alquitrán, desierto
comulgo con ese runrún
del corazón al luto
en la onda de la soledad
que es eco
y todo lo abarca
con
el hueco, el frío, el espejo

Mis nervios están encendidos… los oigo…
ha(n) entrado en el fuego

Juré que había cambiado
y otra vez me mentí:
Anido en el trazo
cuya moral esparce
esa sutil caricia
deseada y deseante
del sueño al tapiz que me confina
en el círculo argento y árido
donde mi sombra es reclamada
entre juncos, nardos y escarabajos.

Las ascuas

Habrá que hacer luz
por medio de la penumbra.
Abrir el balcón
para que la voz pueda salir,
quebradiza e incluso incierta,
pero que al fin comulguen
suspiro, canción y bruma.

Las hojas desean
el aire que rumian las cigarras.
Déjalas
déjalas entrar y que su modo
anegue brevemente
el firme desconcierto de nuestro océano.

Retrato

Mírate
todo tú es metáfora
no por la carne, no desde la arruga;
atraviesa el continente de la materia
y converge al alma que enciende todas las palabras.

Sea esta la primera muerte,
sea esta la forma de sortear tu abismo.
No eres lo que los ojos sentencian.

Metamorfosis,
más no mudanza.
Rumbo,
pero nunca meta.
Eres otra endeble cáscara
que se estremece frente al tiempo.

Herencia[14]

Soy heredero
de la sangre de los tontos.
Mi mano solo precisa lumbre y nevisca
trazando la pradera.
Mi interior discurre del árbol al río
que es solo de transitar.

Soy fragmento sin apetencia de unión.

Soy eucaristía de luna y cerveza.

Nada.

Nadie.

Sin meta.

Sin proyecto.

Mía es la sangre de los ilusos,
la de los descastados
la de los perdedores.

El verbo, el signo
la oscilación que los iguala
son los dioses que timonean
mi ambición de contemplar el colapso.

Mía es la sangre de los tontos
y mi herencia
es sentir
el aire… abriendo … pero… pero con dolor,
una libertad en el pecho.

Breves poemas sensitivos

I
Río de plata
en la voz del sendero:
llegó la aurora.

II
Laten los bosques
en el viejo recuerdo
de nuestras hojas.

III
Arde la luna
en el jardín oscuro
donde soy nadie.

Interior de una mariposa[15]

Soñé el interior de la mariposa.
Su valle ya sin luz, su perfume de fuego
por el viejo arco de la yedra simiente.
Soñé el interior del hombre.
Su lengua sin cauce, su silencio de niebla
por el martirio de la cicuta y el tiempo.

> *… soñó que era una mariposa*

Recordé el Oeste, el Este de dos eras
en la amalgama del hombre que es uno pero distinto:
Oruga en barrotes de jazmín consumido.
Crisálida en bocanada de oro investido.
Mariposa en raíz de neón mordido.

> *… se despertó, sorprendido de ser él mismo.*

> *¿Cómo has podido convertir tu cuerpo en tronco seco, y en cenizas muertas tu mente?*

Los muertos surten nuestra historia a través del sueño.

> *Solo el saber… unifica las cosas*

Las alas emergen desde el grito de estación herida
por el fugitivo cerco de la lluvia quemada
donde el lenguaje es la puerta del cuerpo

que repara el temblor, el martirio del ciclo
que al fin ha caído.

Las palabras agotan luna y tierra
para suceder al sermón sin ojos que abandona
resentimiento y culpa en el espacio
del camino sin jardín, ni amargura
que solo tendrá nombre
cuando el deseo sucumba.

éxodo

La Hoguera

Oro en la cicatriz de mi costura:
caída y barro cierran lo que ataba.
Lengua que por mi piel su nombre graba
y cuyo fuego es carne en mi fisura.

Prendida está tu sangre en la cultura
que mi signo, de verbo y yesca, adraba
en retales de sombras por la algaba
donde mi hoguera será ligadura.

Yerro por avenidas de humo y tiza
donde restauro mi noche quebrada
en pulso de espejismo que agoniza.

Arlequín de persona revelada
la llama es quien fecunda tu ceniza:
zarza y memoria en la muerte dorada.

Ya en otra ocasión definíamos la poesía como diálogo del hombre con el tiempo, y llamábamos «poeta puro» a quien lograba vaciar el suyo para entendérselas a solas con él, o casi a solas; algo así como quien conversa con el zumbar de sus propios oídos, que es la más elemental materialización sonora del fluir temporal. Decíamos, en suma, cuánto es la poesía palabra en el tiempo, y cómo el deber de un maestro de Poética consiste en enseñar a sus alumnos a reforzar la temporalidad de su verso. A todo esto respondían nuestras prácticas de clase —nada más práctico que una clase de poética—, ejercicios elementalísimos, uno de los cuales recuerdo: el de El huevo pasado por agua, poema en octavillas, que no llegó a satisfacernos, pero que no estaba del todo mal. Encontramos, en efecto, algunas imágenes adecuadas para transcribir líricamente los elementos materiales de aquella operación culinaria: el infiernillo de alcohol con su llama azulada, la vasija de metal, el agua hirviente, el relojito de arena, y aun logramos otras imágenes felices para expresar nuestra atención y nuestra impaciencia. Nos faltó, sin embargo, la intuición central de nuestro poema, de la cual debiéramos haber partido; falló nuestra simpatía por el huevo, que habíamos olvidado, porque no lo veíamos, y no supimos vivir por dentro, hacer nuestro el proceso de su cocción.

Antonio Machado. *Juan de Mairena.*

(Citas)

1º. Gustavo Cerati, Tabú. (pg. 15)
2º. Eugéne Guillevic, La distancia interior... (pg. 19)
3º. Chantal Maillard, Axis mundo. (pg. 22)
4º. Ezra Pound, El desván. (pg. 23)
5º. Joan Margarit, La espera. (pg. 31)
6º. Félix Grande, Donde fuiste feliz alguna vez... (pg. 40)
7º. Han Shan, V (pg. 45)
8º. Marina Tsvatáieva, Mis versos, escritos tan temprano. (pg. 50)
9º. Juana Castro, De la libertad que el cetrero regala a su ave. (pg. 57)
10º.Concha Lagos, Otra vez soñar de lo oscuro... (pg. 60)
11º. Antonia Pozzi, La vida. (pg. 62)
12º.Ida Vitale, Cultura del palimpsesto. (pg. 63)
13º. Anne Sexton, El beso. (pg. 76)
14º. Alberto Caeiro, VI (El pastor amoroso perdió un cayado...) (pg. 80)
15º. Zhuangzi, Los capítulos interiores (pg. 83)

Índice

«Cualquier forma de reproducción, distribución, comunicación pública o transformación de esta obra solo puede ser realizada con la autorización de sus titulares, salvo excepción prevista por la ley. Diríjase a CEDRO (Centro Español de Derechos Reprográficos) si necesita fotocopiar o escanear algún fragmento de esta obra (www.conlicencia.com; 91 702 19 70 / 93 272 04 47)»

© de los textos: Manuel Fabián Trigos Baena
© de la edición: EOLAS EDICIONES

Diagramación: contactovisual.es
Fotografía de portada: StockSnap / pixabay.com
ISBN: 979-13-87753-87-0
Deposito legal: LE 101-2026
Impreso en España - Printed in Spain